AF200091

Impressum
Verlag: BABADADA GmbH, Nedderfeld 112 , 22529 Hamburg
Geschäftsführer / Verlagsleitung: Harald Hof
Druck: Books on Demand GmbH, In de Tarpen 42, 22848 Norderstedt

Imprint
Publisher: BABADADA GmbH, Nedderfeld 112 , 22529 Hamburg, Germany
Managing Director / Publishing direction: Harald Hof
Print: Books on Demand GmbH, In de Tarpen 42, 22848 Norderstedt

classroom
trieda

divide
deliť

186/2

board
tabuľa

school yard
školský dvor

teacher
učiteľ

paper
papier

write
písať

pen
pero

desk
písací stôl

ruler
pravítko

book
kniha

pupil
žiak

satchel

školská taška

pencil case

peračník

pencil

ceruza

pencil sharpener

strúhadlo na ceruzky

rubber

guma

drawing pad

skicár

drawing
kresba

paintbrush
štetec

paint box
vodové farby

scissors
nožnice

glue
lepidlo

exercise book
cvičný zošit

homework
domáca úloha

number
číslo

add
sčítať

subtract
odčítať

multiply
násobiť

calculate
počítať

letter
písmeno

alphabet
abeceda

word
slovo

school - škola

text

text

read

čítať

chalk

krieda

lesson

hodina

register

triedna kniha

examination

skúška

certificate

certifikát

school uniform

školská uniforma

education

vzdelanie

encyclopedia

encyklopédia

university

univerzita

microscope

mikroskop

map

mapa

waste-paper basket

kôš na papier

hotel
hotel

Grand

hostel
nocľaháreň

ROOMS

currency exchange office
zmenáreň

EXCHANGE

car
auto

language

jazyk

yes / no

áno/nie

Okay

v poriadku

hello

ahoj

translator

prekladateľ

Thank you

ďakujem

how much is...?

Koľko stojí ... ?

I don´t get it

Nerozumiem

problem

problém

Good evening!

Dobrý večer!

Good morning!

Dobré ráno!

Good night!

Dobrú noc!

goodbye

Dovidenia

direction

smer

luggage

batožina

bag

taška

backpack

batoh

guest

hosť

room

izba

sleeping bag

spacák

tent

stan

tourist information

informácie pre turistov

beach

pláž

credit card

kreditná karta

breakfast

raňajky

lunch

obed

dinner

večera

Ticket

cestovný lístok

elevator

výťah

stamp

poštová známka

border

hranica

customs

clo

embassy

veľvyslanectvo

visa

vízum

passport

cestovný pas

airplane
lietadlo

ship
loď

fire truck
požiarnické auto

bus
autobus

truck
nákladné auto

motorboat
motorový čln

car
auto

bike
bicykel

ferry

trajekt

boat

loď

motorbike

motorka

police car

policajné auto

racing car

pretekárske auto

rental car

vozidlo z požičovne

car sharing

carsharing

tow truck

odťahové auto

garbage truck

smetiarske auto

engine

motor

fuel

benzín

fuel station

čerpacia stanica

traffic sign

dopravná značka

traffic

premávka

traffic jam

zápcha

parking lot

parkovisko

train station

vlaková stanica

tracks

trate

train

vlak

tram

električka

wagon

vagón

helicopter

helikoptéra

airport

letisko

tower

veža

passenger

pasažier

container

kontajner

carton

kartón

cart

vozík

basket

kôš

take off / land

štartovať / pristáť

city

mesto

village

dedina

city center

centrum mesta

house

dom

movie theater
kino

advert
reklama

street light
pouličná lampa

CINEMA

street
ulica

taxi
taxík

snack shop
stánok

pedestrian
chodec

sidewalk
chodník

zebra crossing
prechod pre chodcov

dumpster
kontajner

crossing
križovatka

traffic lights
semafór

hut

chata

apartment

byt

train station

vlaková stanica

city hall

radnica

museum

múzeum

school

škola

university

univerzita

bank

banka

hospital

nemocnica

hotel

hotel

pharmacy

lekáreň

office

kancelária

book shop

kníhkupectvo

shop

obchod

flower shop

kvetinárstvo

supermarket

supermarket

market

trh

department store

obchodný dom

fishmonger's shop

obchodník s rybami

mall

nákupné stredisko

harbor

prístav

park

park

bench

lavička

bridge

most

stairs

schody

subway

metro

tunnel

tunel

bus stop

autobusová zastávka

bar

bar

restaurant

reštaurácia

postbox

poštová schránka

street sign

tabuľa s názvom ulice

parking meter

parkovacie hodiny

zoo

ZOO

swimming pool

plaváreň

mosque

mešita

farm
farma

pollution
znečisťovanie životného
prostredia

cemetery
cintorín

church
kostol

playground
ihrisko

temple
chrám

landscape
terén

signpost
smerová tabuľa

path
cesta

meadow
lúka

stone
kameň

hiker
turista

tree
strom

river
rieka

grass
tráva

flower
kvet

valley

dolina

hill

kopec

lake

jazero

forest

les

desert

púšť

volcano

vulkán

castle

zámok

rainbow

dúha

mushroom

hríb

palm tree

palma

mosquito

komár

fly

mucha

ant

mravec

bee

včela

spider

pavúk

landscape - terén

beetle

chrobák

frog

žaba

squirrel

veverička

hedgehog

jež

hare

zajac

owl

sova

bird

vták

swan

labuť

boar

diviak

deer

jeleň

moose

los

dam

hrádza

wind turbine

veterná turbína

solar panel

solárny panel

climate

podnebie

waiter
čašník

menu
jedálny lístok

chair
stolička

soup
polievka

pizza
pizza

cutlery
príbor

tablecloth
obrus

starter
predjedlo

main course
hlavné jedlo

dessert
zákusok

drinks
nápoje

food
jedlo

bottle
fľaša

fast food

fast-food

street food

street food

teapot

kanvica na čaj

sugar bowl

cukornička

portion

porcia

espresso machine

stroj na espresso

high chair

detská stolička

bill

účet

tray

podnos

knife

nôž

fork

vidlička

spoon

lyžica

teaspoon

čajová lyžička

serviette

obrúsok

glass

pohár

plate

tanier

soup plate

hlboký tanier

saucer

podšálka

sauce

omáčka

salt shaker

soľnička

pepper mill

mlynček na korenie

vinegar

ocot

oil

olej

spices

korenie

ketchup

kečup

mustard

horčica

mayonnaise

majonéza

special offer
špeciálna ponuka

customer
klient

dairy products
mliečne výrobky

FOR

fruit
ovocie

shopping cart
nákupný vozík

butcher's shop

mäsiarstvo

bakery

pekáreň

weigh

vážiť

vegetables

zelenina

meat

mäso

frozen food

mrazené potraviny

cold cuts

nárez

canned food

konzervy

detergent

prací prostriedok

candy

sladkosti

household products

domáce potreby

cleaning products

čistiace prostriedky

sales representative

predavačka

cash register

pokladňa

cashier

pokladník

shopping list

nákupný zoznam

opening hours

otváracie hodiny

wallet

peňaženka

credit card

kreditná karta

bag

taška

plastic bag

plastové vrecko

water

voda

juice

džús

milk

mlieko

coke

kola

wine

víno

beer

pivo

alcohol

alkohol

cocoa

kakao

tea

čaj

coffee

káva

espresso

espresso

cappuccino

kapučíno

banana

banán

apple

jablko

orange

pomaranč

melon

melón

lemon

citrón

carrot

mrkva

garlic

cesnak

bamboo

bambus

onion

cibuľa

mushroom

hríb

nuts

orechy

noodles

rezance

spaghetti

špagety

rice

ryža

salad

šalát

fries

hranolky

fried potatoes

pečené zemiaky

pizza

pizza

hamburger

hamburger

sandwich

obložený chlebík

escalope

rezeň

ham

šunka

salami

saláma

sausage

klobása

chicken

kurča

roast

pečené mäso

fish

ryba

porridge oats

ovsené vločky

muesli

müsli

cornflakes

kukuričné lupienky

flour

múka

croissant

croissant

bread roll

pečivo

bread

chlieb

toast

hrianka

cookies

sušienky

butter

maslo

curd

tvaroh

cake

koláč

egg

vajce

fried egg

volské oko

cheese

syr

ice cream

zmrzlina

sugar

cukor

honey

med

jelly

lekvár

nougat cream

nugátová nátierka

curry

karí korenie

goat

koza

cow

krava

calf

teľa

pig

prasa

piglet

prasiatko

bull

býk

goose

hus

duck

kačica

chick

kuriatko

hen

sliepka

cockerel

kohút

rat

potkan

cat

mačka

mouse

myš

ox

vôl

dog

pes

dog house

psia búda

garden hose

záhradná hadica

watering can

krhla

scythe

kosa

plow

pluh

sickle

kosák

hoe

motyka

pitchfork

vidly na hnoj

axe

sekera

pushcart

fúrik

trough

koryto

milk can

kanva na mlieko

sack

vrece

fence

plot

stable

maštaľ

greenhouse

skleník

soil

pôda

seed

osivo

fertilizer

hnojivo

combine harvester

kombajn

harvest

žať

harvest

žatva

yams

batát

wheat

pšenica

soya

sója

potato

zemiak

corn

kukurica

rapeseed

repka

fruit tree

ovocný strom

manioc

maniok

grain

obilie

living room

obývačka

bathroom

kúpeľňa

kitchen

kuchyňa

bedroom

spálňa

kids room

detská izba

dining room

jedáleň

floor

podlaha

wall

stena

ceiling

strop

cellar

pivnica

sauna

sauna

balcony

balkón

terrace

terasa

pool

bazén

lawn mower

kosačka

sheet

obliečka

bedspread

posteľná prikrývka

bed

posteľ

broom

metla

bucket

vedro

switch

vypínač

carpet

koberec

drape

záclona

table

stôl

chair

stolička

rocking chair

hojdacie kreslo

armchair

kreslo

book

kniha

blanket

prikrývka

decoration

dekorácia

firewood

drevo na kúrenie

film

film

stereo system

hi-fi veža

key

kľúč

newspaper

noviny

painting

maľba

poster

plagát

radio

rádio

notebook

zápisník

vacuum cleaner

vysávač

cactus

kaktus

candle

sviečka

fridge
chladnička

microwave oven
mikrovlnka

kitchen scales
kuchynské váhy

toaster
hriankovač

laundry detergent
čistiaci prostriedok

stove
pec

freezer
mraziarenský box

dishwasher
umývačka riadu

cooker

sporák

pot

hrniec

cast-iron pot

železný hrniec

wok / kadai

wok / kadai

pan

panvica

kettle

rýchlovarná kanvica

steamer

parný hrniec

baking tray

plech na pečenie

crockery

riad

mug

pohár

bowl

misa

chopsticks

paličky

ladle

naberačka na polievku

spatula

stierka

whisk

metlička

strainer

cedidlo

sieve

sitko

grater

strúhadlo

mortar

mažiar

barbecue

gril

fireplace

ohnisko

chopping board

doska na krájanie

rolling pin

valček na cesto

corkscrew

vývrtka

can

konzerva

can opener

otvárač na konzervy

oven cloth

chňapka

sink

výlevka

brush

kefa

sponge

hubka

blender

mixér

deep freezer

mraznička

baby bottle

kojenecká fľaša

tap

vodovodný kohútik

bathroom

kúpeľňa

heating
kúrenie

shower
sprcha

towel
uterák

shower curtain
sprchový záves

bubble bath
pena do kúpeľa

bathtub
vaňa

glass
pohár

washing machine
práčka

tiles
dlaždice

tap
vodovodný kohútik

potty
nočník

sink
výlevka

toilet	squat toilet	bidet
záchod	suchý záchod	bidet

urinal	toilet paper	toilet brush
pisoár	toaletný papier	záchodová kefa

toothbrush

zubná kefka

toothpaste

zubná pasta

dental floss

dentálna niť

wash

umývať

hand shower

ručná sprcha

douche

sprcha pre intímnu hygienu

basin

umývadlo

back brush

kefa na chrbát

soap

mydlo

shower gel

sprchový gél

shampoo

šampón

flannel

frotírová rukavica

drain

odtok

creme

krém

deodorant

dezodorant

mirror

zrkadlo

hand mirror

kozmetické zrkadlo

razor

žiletka

shaving foam

pena na holenie

aftershave

voda po holení

comb

hrebeň

brush

kefa

hair-dryer

sušič vlasov

hairspray

sprej na vlasy

makeup

make-up

lipstick

rúž

nail varnish

lak na nechty

cotton wool

vata

nail scissors

nožnice na nechty

perfume

parfum

washbag

kozmetická taška

stool

stolček

weighing scales

váha

bathrobe

kúpací plášť

rubber gloves

gumové rukavice

tampon

tampón

sanitary towel

menštruačná vložka

chemical toilet

chemické WC

bathroom - kúpeľňa

alarm clock
budík

cuddly toy
plyšová hračka

toy car
hračkárske auto

rattle
hrkálka

doll's house
domček pre bábiky

present
dar

balloon

balón

bed

posteľ

stroller

detský kočík

deck of cards

karty

jigsaw

puzzle

comic

komix

lego bricks

skladačka lego

toy blocks

stavebnica

action figure

akčná postavička

romper suit

dupačky

frisbee

lietajúci tanier

mobile

závesné hračky

board game

stolová hra

dice

kocka

model train set

modelový vláčik

pacifier

cumlík

party

párty

picture book

obrázková kniha

ball

lopta

doll

bábika

play

hrať sa

sandpit

pieskovisko

swing

hojdačka

toys

hračky

video game console

hracia konzola

tricycle

trojkolka

teddy bear

medvedík

wardrobe

šatník

clothing
šatstvo

socks

ponožky

stockings

pančuchy

tights

pančuchové nohavičky

scarf
šál

belt
opasok

umbrella
dáždnik

t-shirt
tričko

boots
čižmy

sneakers
tenisky

slippers
papuče

sandals
sandále

shoes
topánky

rubber boots
gumáky

underwear
spodky

bra
podprsenka

undershirt
tielko

clothing - šatstvo

45

body
body

pants
nohavice

jeans
džínsy

skirt
sukňa

blouse
blúzka

shirt
košeľa

pullover
pulóver

sweater
sveter

blazer
blejzer

jacket
bunda

coat
kabát

raincoat
pršiplášť

costume
kostým

dress
šaty

wedding dress
svadobné šaty

suit

oblek

nightgown

nočná košeľa

pajamas

pyžamo

sari

sari

headscarf

šatka na hlavu

turban

turban

burka

burka

kaftan

kaftan

abaya

abaja

swimsuit

dvojdielne plavky

trunks

plavky

shorts

šortky

tracksuit

tepláková súprava

apron

zástera

gloves

rukavice

button

gombík

glasses

okuliare

bracelet

náramok

necklace

retiazka

ring

prsteň

earring

náušnica

cap

čiapka

coat hanger

vešiak

hat

klobúk

tie

kravata

zip

zips

helmet

prilba

braces

traky

school uniform

školská uniforma

uniform

uniforma

bib

podbradník

pacifier

cumlík

diaper

plienka

server
server

filing cabinet
skriňa na spisy

printer
tlačiareň

monitor
monitor

paper
papier

desk
písací stôl

mouse
myš

folder
zakladač

keyboard
klávesnica

chair
stolička

waste-paper basket
kôš na papier

computer
počítač

coffee mug

hrnček na kávu

calculator

kalkulačka

internet

internet

laptop

laptop

letter

list

message

správa

cell phone

mobil

network

sieť

photocopier

kopírka

software

softvér

telephone

telefón

plug socket

elektrická zásuvka

fax machine

fax

form

formulár

document

doklad

buy

kúpiť

pay

platiť

trade

obchodovať

money

peniaze

USD

dollar

dolár

EUR

euro

euro

JPY

yen

jen

RUB

rouble

rubeľ

CHF

Swiss franc

švajčiarsky frank

CNY

renminbi yuan

čínsky jüan

INR

rupee

rupia

cash point

bankomat

currency exchange office

zmenáreň

gold

zlato

silver

striebro

oil

ropa

energy

energia

price

cena

contract

zmluva

tax

daň

stock

akcia

work

pracovať

employee

zamestnanec

employer

zamestnávateľ

factory

továreň

shop

obchod

police officer
policajt

fireman
hasič

cook
kuchár

doctor
lekár

pilot
pilót

gardener

záhradník

carpenter

stolár

seamstress

krajčírka

judge

sudca

chemist

chemik

actor

herec

bus driver

vodič autobusu

taxi driver

taxikár

fisherman

rybár

cleaning lady

upratovačka

roofer

pokrývač

waiter

čašník

hunter

poľovník

painter

maliar

baker

pekár

electrician

elektrikár

builder

stavebný robotník

engineer

inžinier

butcher

mäsiar

plumber

klampiar

postman

poštár

soldier

vojak

architect

architekt

cashier

pokladník

florist

kvetinár

hairdresser

kaderník

conductor

sprievodca

mechanic

mechanik

captain

kapitán

dentist

zubár

scientist

vedec

rabbi

rabín

imam

imám

monk

mních

pastor

farár

hammer
kladivo

pliers
kliešte

screwdriver
skrutkovač

wrench
kľúč na skrutky

torch
baterka

excavator

bager

toolbox

súprava náradia

ladder

rebrík

saw

pílka

nails

klince

drill

vrták

repair

opraviť

shovel

lopata

Damn!

Do čerta!

dustpan

lopatka na smeti

paint can

nádoba s farbou

screws

skrutky

musical instruments
hudobné nástroje

drum set
bicie

loud speaker
reproduktor

guitar
gitara

double bass
kontrabas

trumpet
trúbka

piano

klavír

violin

husle

bass

basa

timpani

tympany

drums

bubon

keyboard

klávesnica

saxophone

saxofón

flute

flauta

microphone

mikrofón

entrance
vstup

tiger
tiger

cage
klietka

zebra
zebra

animal feed
krmivo pre zver

panda
panda

animals

zvieratá

elephant

slon

kangaroo

klokan

rhino

nosorožec

gorilla

gorila

bear

medveď

camel

ťava

ostrich

pštros

lion

lev

monkey

opica

flamingo

plameniak

parrot

papagáj

polar bear

ľadový medveď

penguin

tučniak

shark

žralok

peacock

páv

snake

had

crocodile

krokodíl

zookeeper

ošetrovateľ v ZOO

seal

tuleň

jaguar

jaguár

pony

poník

leopard

leopard

hippo

hroch

giraffe

žirafa

eagle

orol

boar

diviak

fish

ryba

turtle

korytnačka

walrus

mrož

fox

líška

gazelle

gazela

American football
americký futbal

cycling
cyklistika

tennis
tenis

basketball
basketbal

swimming
plávanie

boxing
box

ice hockey
hokej

soccer
futbal

badminton
bedminton

athletics
ľahká atletika

handball
hádzaná

skiing
lyžovanie

polo
pólo

jump
skočiť

laugh
smiať sa

hug
objať

walk
chodiť

sing
spievať

dream
snívať

pray
modliť sa

kiss
pobozkať

write	draw	show
písať	kresliť	ukázať
push	give	take
tlačiť	dať	brať

have

mať

do

robiť

be

byť

stand

stáť

run

bežať

pull

ťahať

throw

hádzať

fall

padnúť

lie

ležať

wait

čakať

carry

nosiť

sit

sedieť

get dressed

obliecť sa

sleep

spať

wake up

zobudiť sa

look at

pozerať

cry

plakať

stroke

hladkať

comb

česať

talk

hovoriť

understand

rozumieť

ask

pýtať sa

listen

počuť

drink

piť

eat

jesť

tidy up

upratať

love

milovať

cook

variť

drive

jazdiť

fly

letieť

activities - aktivity

sail

plachtiť

calculate

počítať

read

čítať

learn

učiť sa

work

pracovať

marry

oženiť

sew

šiť

brush teeth

čistiť zuby

kill

zabiť

smoke

fajčiť

send

poslať

grandmother
stará mama

grandfather
starý otec

father
otec

mother
mama

baby
bábo

daughter
dcéra

son
syn

guest

hosť

aunt

teta

uncle

strýko

brother

brat

sister

sestra

forehead
čelo

eye
oko

shoulder
plece

finger
prst

face
tvár

chin
brada

hand
ruka

breast
hruď

leg
noha

arm
rameno

baby
bábo

man
muž

woman
žena

girl
dievča

boy
chlapec

head
hlava

back

chrbát

belly

brucho

navel

pupok

toe

prst na nohe

heel

päta

bone

kosť

hip

bok

knee

koleno

elbow

lakeť

nose

nos

buttocks

zadok

skin

koža

cheek

líce

ear

ucho

lip

pery

mouth

ústa

tooth

zub

tongue

jazyk

brain

mozog

heart

srdce

muscle

svaly

lung

pľúca

liver

pečeň

stomach

žalúdok

kidneys

obličky

sex

pohlavný styk

condom

kondóm

ovum

vaječná bunka

semen

semeno

pregnancy

tehotenstvo

body - telo

menstruation

menštruácia

vagina

vagina

penis

penis

eyebrow

obočie

hair

vlasy

neck

krk

hospital
nemocnica

ambulance
sanitka

wheelchair
invalidný vozík

fracture
zlomenina

doctor

lekár

emergency room

urgentný príjem

nurse

sestrička

emergency

urgentný prípad

unconscious

v bezvedomí

pain

bolesť

injury

zranenie

bleeding

krvácanie

heart attack

srdcový infarkt

stroke

mozgová porážka

allergy

alergia

cough

kašeľ

fever

teplota

flu

chrípka

diarrhea

hnačka

headache

bolesť hlavy

cancer

rakovina

diabetes

cukrovka

surgeon

chirurg

scalpel

skalpel

operation

operácia

CT

CT

x-ray

RTG

ultrasound

ultrazvuk

face mask

maska

disease

choroba

waiting room

čakáreň

crutch

barla

plaster

náplasť

bandage

obväz

injection

injekcia

stethoscope

fonendoskop

stretcher

nosidlá

clinical thermometer

teplomer

birth

pôrod

overweight

nadváha

hearing aid

audiofón

disinfectant

dezinfekčný prostriedok

infection

infekcia

virus

vírus

HIV / AIDS

HIV / AIDS

medicine

medicína

vaccination

očkovanie

tablets

tabletky

pill

antikoncepčná pilulka

emergency call

tiesňové volanie

blood pressure monitor

tlakomer

ill / healthy

chorý / zdravý

Help!

Pomoc!

alarm

alarm

assault

prepad

attack

útok

danger

nebezpečenstvo

emergency exit

núdzový východ

Fire!

Horí!

fire extinguisher

hasičský prístroj

accident

nehoda

first-aid kit

kufrík prvej pomoci

SOS

SOS

police

polícia

Europe

Európa

North America

Severná Amerika

South America

Južná Amerika

Africa

Afrika

Asia

Ázia

Australia

Austrália

Atlantic

Atlantický oceán

Pacific

Tichý oceán

Indian Ocean

Indický oceán

Antarctic Ocean

Južný oceán

Arctic Ocean

Severný ľadový oceán

North pole

Severný pól

South pole

Južný pól

Antarctica

Antarktída

earth

Zem

land

krajina

sea

more

island

ostrov

nation

národ

state

štát

clock face

ciferník

hour hand

hodinová ručička

minute hand

minútová ručička

second hand

sekundová ručička

What time is it?

Koľko je hodín?

day

deň

time

čas

now

teraz

digital watch

digitálne hodiny

minute

minúta

hour

hodina

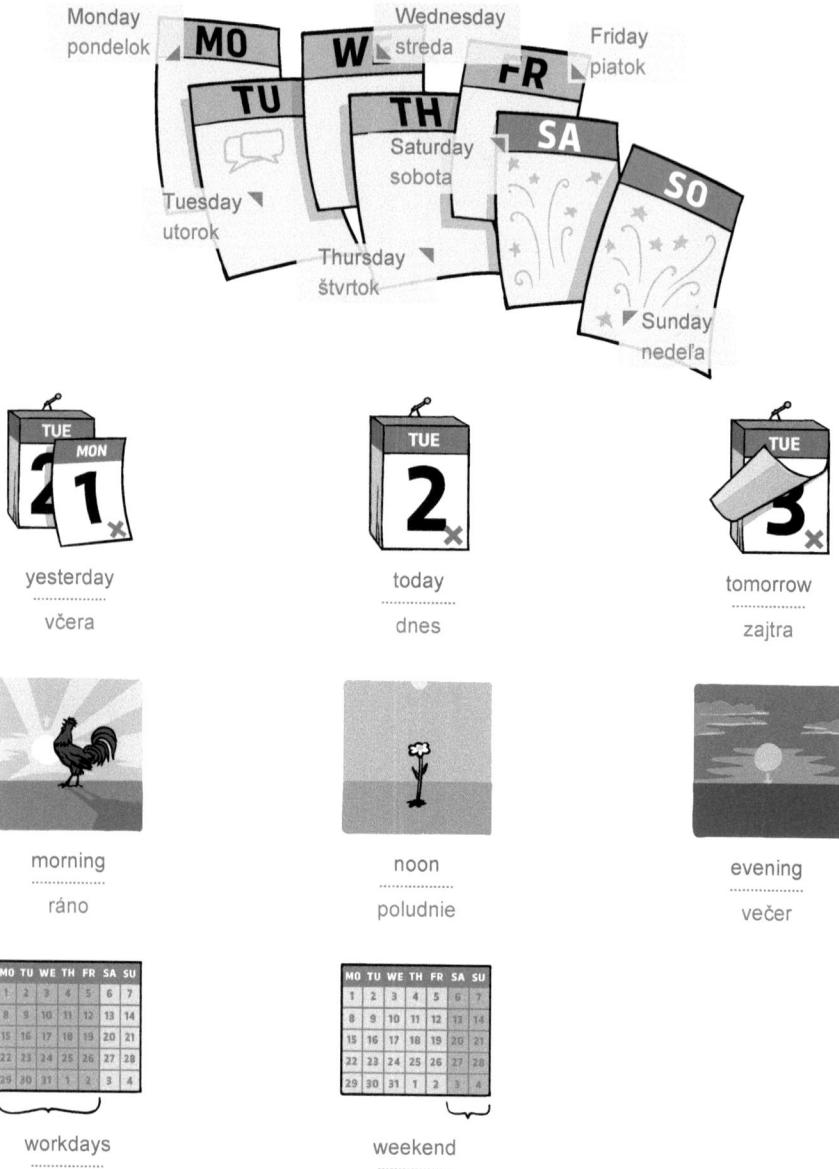

Monday — pondelok
Wednesday — streda
Friday — piatok
Tuesday — utorok
Saturday — sobota
Thursday — štvrtok
Sunday — nedeľa

yesterday
včera

today
dnes

tomorrow
zajtra

morning
ráno

noon
poludnie

evening
večer

workdays
pracovné dni

weekend
víkend

rain
dážď

wind
vietor

snow
sneh

spring
jar

fall
jeseň

summer
leto

winter
zima

weather forecast
....
predpoveď počasia

thermometer
....
teplomer

sunshine
....
slnečný svit

cloud
....
oblak

fog
....
hmla

humidity
....
vlhkosť vzduchu

lightning

blesk

thunder

hrom

storm

búrka

hail

krúpy

monsoon

monzún

flood

záplava

ice

ľad

January

január

February

február

March

marec

April

apríl

May

máj

June

jún

July

júl

August

august

September
....
september

October
....
október

November
....
november

December
....
december

shapes
tvary

circle
....
kruh

square
....
štvorec

rectangle
....
obdĺžnik

triangle
....
trojuholník

sphere
....
guľa

cube
....
kocka

white
....
biela

yellow
....
žltá

orange
....
oranžová

pink
....
ružová

red
....
červená

purple
....
fialová

blue
....
modrá

green
....
zelená

brown
....
hnedá

gray
....
šedá

black
....
čierna

a lot / a little

veľa / málo

angry / calm

zúrivý / pokojný

beautiful / ugly

pekný / škaredý

beginning / end

začiatok / koniec

big / small

veľký / malý

bright / dark

svetlý / tmavý

brother / sister

brat / sestra

clean / dirty

čistý / špinavý

complete / incomplete

úplný / neúplný

day / night

deň / noc

dead / alive

mŕtvy / živý

wide / narrow

široký / úzky

edible / inedible

chutný / nechutný

evil / kind

zlostný / láskavý

excited / bored

vzrušený / unudený

fat / thin

tlstý / chudý

first / last

prvý / posledný

friend / enemy

priateľ / nepriateľ

full / empty

plný / prázdny

hard / soft

tvrdý / mäkký

heavy / light

ťažký / ľahký

hunger / thirst

hlad / smäd

ill / healthy

chorý / zdravý

illegal / legal

nelegálny / legálny

intelligent / stupid

inteligentný / hlúpy

left / right

vľavo / vpravo

near / far

blízko / ďaleko

opposites - protiklady

new / used
nový / použitý

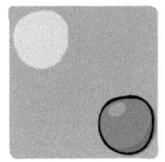

nothing / something
nič / niečo

old / young
starý / mladý

on / off
zapnuté / vypnuté

open / closed
otvorené / zatvorené

quiet / loud
tichý / hlasný

rich / poor
bohatý / chudobný

right / wrong
správne / nesprávne

rough / smooth
drsný / hladký

sad / happy
smutný / šťastný

short / long
krátky / dlhý

slow / fast
pomaly / rýchlo

wet / dry
mokrý / suchý

warm / cool
teplý / studený

war / peace
vojna / mier

0

zero

nula

1

one

jeden

2

two

dva

3

three

tri

4

four

štyri

5

five

päť

6

six

šesť

7

seven

sedem

8

eight

osem

9

nine

deväť

10

ten

desať

11

eleven

jedenásť

12

twelve
dvanásť

13

thirteen
trinásť

14

fourteen
štrnásť

15

fifteen
pätnásť

16

sixteen
šestnásť

17

seventeen
sedemnásť

18

eighteen
osemnásť

19

nineteen
devätnásť

20

twenty
dvadsať

100

hundred
sto

1.000

thousand
tisíc

1.000.000

million
milión

English
....
angličtina

American English
....
americká angličtina

Chinese Mandarin
....
mandarínska čínština

Hindi
....
hindčina

Spanish
....
španielčina

French
....
francúzština

Arabic
....
arabčina

Russian
....
ruština

Portuguese
....
portugalčina

Bengali
....
bengálčina

German
....
nemčina

Japanese
....
japončina

I
....
ja

you
....
ty

♂ ♀ ○

he / she / it
....
on/ona/ono

we
....
my

you
....
vy

they
....
oni

who?
....
kto?

what?
....
čo?

how?
....
ako?

where?
....
kde?

when?
....
kedy?

HELLO, I AM

name
....
meno

behind

za

in

v

in front of

pred

over

nad

on

na

under

pod

beside

veďa

between

medzi

place

miesto